Opere dello stesso autore:

- *'Asfâr wa sirâb – Viaggi e miraggi* (bilingue arabo-italiano), ed. I Fiori di Campo, 2003

- *'Inni qarartu 'Akhîran an 'arhala b'aîdan m'a-l-laqâliq – Ho deciso finalmente... andrò via con le cicogne...*, (bilingue arabo-italiano), Collezione Maestrale, 2005

- *Poésies depuis la ville de Menton - Poésias desde la ciudad de Menton*, (bilingue spagnolo-francese) ed. Edilivre, 2008 ; ed. BOD, 2016

- *Silvia o la ilusión del amor*, (spagnolo) ed. Lampi di Stampa, 2010

- *Tierra del Fuego*, (spagnolo) ed. Lampi di Stampa, 2014

- *Il caimano*, (italiano) ed. BoD, 2014

- *Muhît al-kalimât – Oceano di parole*, (bilingue arabo-italiano) ed. BoD, 2014

- *Guardando altrove*, (italiano) ed. BoD, 2016

- *Poesia della Nuova Era Vol. I*, (italiano) ed. BoD, 2016

- *Rotta per l'India* ed. BoD, (italiano) 2016

- *El marcalibros*, (spagnolo) ed. BoD, 2017

- *Rosso di Marte*, (italiano) ed. BoD, 2017

- *Lemhat al-hida'at - Il profilo del nibbio*, (bilingue arabo-italiano) ed. BoD, 2018

- *Il ritorno dello sciamano*, (italiano) ed.BoD, 2018

- *Intuizioni e memorie*, (italiano) ed.BoD, 2019

- *Il banchetto*, (italiano) ed. Bod, 2019

- *Sul filo del Tempo*, ed. BoD, 2019

- *Poesie della Nuova Era Vol. 2*, ed. Bod, 2020

Angelo Rizzi

Viaggiatore atemporale

Immagine di copertina: arazzo medievale

Quarta di copertina: arazzo con Buddha tibetano, Museo Guimet, Parigi - foto di Angelo Rizzi, 2010

Éditeur : BoD-Books on Demand
12/14 rond point des Champs Élysées, 75008 Paris,
France
Impression : Books on Demand, Norderstedt, Allemagne
ISBN : 9782322206803
Dépôt légal : avril 2020

Biografia

Angelo Rizzi è nato a Sant'Angelo Lodigiano. Ha ottenuto una Laurea in Lingua, Letteratura e Cultura Araba all'Università Montaigne-Bordeaux in Francia e ha otteuto una seconda laurea in Lingua, Cultura e Letteratura Italiana all'Università Sophia Antipolis di Nizza, sempre in Francia. Italiano madrelingua, ha composto i suoi poemi in arabo, spagnolo, francese e italiano. Grazie a questa sua particolarità, è stato invitato ed ha partecipato ad un congresso all'UNESCO nel 2006, a Parigi, sul tema *"Dialogo tra le Nazioni"*.

Ha partecipato a numerosi incontri poetici di rinomanza internazionale a Roma, L'Avana, Parigi, Curtea de Argeş (Romania), Djerba (Tunisia), Porto Alegre (Brasile), Vijayawada (India). Sue poesie sono apparse in antologie e riviste in Italia, Stati Uniti, Svizzera, Cuba, Argentina, Kuwait, Spagna, Brasile, Romania, Hong Kong, India e Bolivia. Nel 2015 la *"Academia de Létras ALPAS 21"* lo ha nominato Accademico Corrispondente Internazionale.

Riconoscimenti letterari.

Tra i più importanti: Vincitore Assoluto del XX° Premio Mondiale Nosside, 2004. Menzione d'Onore per la raccolta *'Asfâr wa Sirâb - Viaggi e Miraggi*, al premio Sogno di un Caffé di Mezza Estate, 2004 e Medaglia d'Argento per la stessa opera al Premio Internazionale Maestrale, 2004. Menzione di Merito al Premio Internazionale Poseidonia Paestum, 2005. I° Premio al Premio Internazionale Tra le Parole e l'Infinito, 2008, dopo avere vinto per tre volte il 2° premio nello stesso concorso nel 2005, 2006, 2007. 3° Premio al Premio Internazionale Bodini 2009.

Menzione Internazionale al Premio Alpas 21, Brasile, 2009. 1° Premio al Premio Internazionale Città di Sassari per la poesia inedita, Italia 2010. Premio della Critica al Premio Internazionale Tra le Parole e l'Infinito, 2010. 2° Premio per la raccolta *Silvia o la ilusión del amor*, della Giuria Scuole al Premio Internazionale Città di Sassari, 2011. Menzione speciale della Giuria per la Critica per la raccolta *Poésies depuis la ville de Menton-Poesías desde la ciudad de Menton* al Premio Internazionale Città di Sassari, 2012 e Premio Speciale per la Critica della Giuria delle Scuole per la stessa opera. Ha ottenuto il Premio per la Migliore Opera in lingua straniera per la raccolta *Poésies depuis la ville de Menton-Poesías desde la ciudad de Menton*, al Premio Internazionale Locanda del Doge, 2013. II° Premio al Premio Internazionale Carmelina Ghiotto Zini, 2013. 1° Premio al Concorso Internazionale di Poesia Città di Voghera, 2014. 3° Classificato per la silloge inedita *Il caimano* al Premio Internazionale Città di Sassari 2014 e Menzione Speciale per la stessa opera edita e ampliata al Premio Internazionale Casentino, 2015. 2° Premio al Premio Letterario "Il litorale", per la raccolta *Muhît al-kalimât – Oceano di parole*, 2016. Menzione d'Onore sempre per la raccolta *Muhît al-kalimât – Oceano di parole*, al Premio Casentino, 2016. Premio per la Critica, per la narrativa (racconto breve), al Premio Internazionale Tra le Parole e l'Infinito, 2016 e 2018, oltre Premio della Critica nel 2015 e 2017, oltre a il Premio del Presidente nel 2019 per lo stesso conncorso. Premio per la Critica per la raccolta *Rosso di marte*, al Premio Europeo Massa città fiabesca d'arte e di marmo 2017. 1° Premio al Premio Internazionale Città di Voghera, 2019. Oltre a diverse Menzioni d'Onore e di Merito in altri premi. È stato Finalista in vari premi internazionali in Italia, Spagna, Svizzera, Argentina, Venezuela e Stati Uniti.

Membro di *REMES* (Red Mundial de Escritores en Español); *World Poet Society*; *Poetas del Mundo* e *SELAE* (Sociedad de Escritores Latino-Americanos y Europeos) e Motivational Strips (fb).

Nel 2015, a Cruz Alta (R/S) in BRASILE, è stato nominato Accademico Corrispondente Internazionale dalla *Academia Internacional de Artes, Letras e Ciênsas* ALPAS 21.

- 2020, Il forum Motivational Strips, Mascate, OMAN, gli ha attribuito la *Golden Medal Ambassador de Literature*

- 2020, La Unión HispanoMundial de Escritores, Urubamba, PERÙ, gli ha attribuito il *Premio Mundial a la Excelencia Literaria*.

Partecipazioni Letterarie

- 2004, Reading Poetico, Istituto Italo - Latinoamericano, Roma, ITALIA.

- 2005, Fiera del Libro, L'Avana, Ospite d'Onore alla premiazione del Premio Nosside Caribe, CUBA.

- 2005, Festival della Poesia, L'Avana, CUBA.

- 2006, Reading Poetico, Fiera del Libro, L'Avana, CUBA.

- 2006, Congresso all'UNESCO sul tema "Dialogo tra le Nazioni", Parigi, FRANCIA.

- 2006, Reading Poetico, Institut du Monde Arabe, Parigi, FRANCIA.

- 2014, 2015, 2016, 2018, Salone del Libro di Montecarlo, MONACO.

- 2014, Fête du Livre, Breil sur Roya, FRANCIA.

- 2014, Festival du Livre, Mouans-Sartoux, FRANCIA.

- 2016, Festival Internazionale della Poesia, Curtea de Argeş, ROMANIA.

- 2017, Reading Poetico Internazionale in chiusura al 1° *Symposium Science et Conscience*, Djerba, TUNISIA.

- 2018, Reading Poetico Internazionale in chiusura al 2° *Symposium Science et Conscience*, Djerba, TUNISIA.

- 2019, Fiera del Libro, Porto Alegre R/S, BRASILE.

- 2019, *International Amaravati Poetry Meeting*, CCVA Vijayawada, Andra Pradesh, INDIA.

"La vita nella dimensione terrena è simile a un dramma teatrale in cui il copione cambia di continuo in modo imprevisto e il caos regna sul palcoscenico. Quando gli attori tornano dietro il sipario, il trambusto cessa: gli attori si tolgono le maschere, riassumono la loro vera identità e riprendono la loro vera vita, abbandonando i personaggi che stavano temporaneamente impersonando. I nostri corpi attuali sono i personaggi sul palco, le nostre anime sono gli attori. Mentre recitano il dramma, i personaggi possono trovarsi coinvolti in disgrazie terribili, possono addirittura morire. Ma gli attori no. Dal punto di vista della nostra immortalità, nell'eternità che trascende il tempo, ogni cosa è esattamente come dovrebbe essere."

Brian Weiss

"la separazione tra passato, presente e futuro ha solo il significato di un'illusione, se pur tenace".

Albert Einstein

Premessa

Nella cultura occidentale, soprattutto dopo il 1° concilio voluto dall'imperatore Costantino, non c'era e non c'è predisposizione a credere nella reincarnazione, detta anche rinascita o metempsicosi. Il dibattito tra i sostenitori del concetto della trasmigrazione delle anime e gli scettici continua senza possibilità di soluzione. Ma qual'è in fin dei conti lo scopo della reincarnazione? Qual'è il suo scopo, se scopo c'è? Come dice Daniel Meurois: / *Le esistenze sulla Terra preparano l'esistenza nell'astrale e viceversa, fino a che un certo grado di perfezionamento sia raggiunto e si interrompa la catena delle rinascite.*/ *. Vale a dire, che lo scopo ultimo delle anime è di perfezionarsi spiritualmente, singolarmente e collettivamente attraverso l'esperienza o le eperienze terrene, fino a che l'anima, che potremmo chiamare coscienza, raggiunto un certo livello di evoluzione, concluda il ciclo delle incarnazioni. Un ciclo, dove la morte, nonostante sia una esperienza dolorosa per noi che viviamo questa realtà provvisoria, è solo una morte fisica e non la morte dell'anima.

* *Terra di smeraldo*, Anne et Daniel Meurois-Givaudan, ed. AMRITA 1999

Questo libro, o meglio questi libri, non hanno l'ambizione del saggio specialistico, ma si propongono semplicemente come opera letteraria originale, scritta in prosa poetica, arricchita dalle riflessioni dell'autore sull'argomento della reincarnazione.

L'instancabile « macchina del tempo » di Angelo Rizzi, ci accompagna di nuovo in questo 6° volume sul tema delle vite anteriori. Chi ama la storia, chi ama il viaggio, troverà qui materia di lettura. L'io narrante ci guida in prosa poetica pagina dopo pagina, dove l'unico personaggio appare e scompare tra una vita e l'altra come in un "serial" senza un ordine cronologico. L'autore evita il più possibile l'utilizzo dei nomi propri e quando appaiono, ce li propone sotto forma di indizi, per lasciare al lettore il piacere di intuire, comprendere, ricercare l'epoca storica, i luoghi, i paesi citati o solo enunciati. Questi 6 libri sono un genere a parte nella ormai voluminosa produzione dell'autore, che ad oggi conta 19 raccolte pubblicate.

Viaggiatore atemporale

Danze

Non vi è stato giorno
all'Accademia
che non sia stato
giorno di gioia
la felicità di ritrovare
gli amici, per riprendere
con affettuoso rispetto
per coloro
che non la pensavano
alla stessa maniera
gli intensi dibattiti
lasciati in sospeso
durante le giuste ore di riposo.
Come quando Platone
ci presentava

il movimento dei pianeti
con una descrizione poetica
definendoli come "danze"
movimenti che si svolgevano
lungo orbite di grandezza diversa
di velocità diverse
dando l'impressione
che andassero errando per il cielo
incrociandosi, rincorrendosi
come se vagassero senza sosta.
Ognuno di noi contribuiva
a questa sua opinione
aggiungendo, togliendo
teorizzando, esponendo
secondo le proprie doti

chi era più portato per i numeri

chi più per l'osservazione

chi per l'uno, l'altro e altro ancora.

La conclusione non era mai chiusa

ne immutabile, definitiva

questo era il volere del maestro

questo era lo scopo ultimo

della Scuola di Atene.

La mendicante

Prima metà, del secolo
quattordicesimo
vengo dalla Francia
sono un ufficiale
emissario a Genova
una sorta di consigliere
politico militare
il mio re, cerca di imporre
lo *status quo*
tra Guelfi e Ghibellini
missione ardua
in questo clima caotico
che infiamma tutta la penisola
le lotte interne alla città
non finiscono

le famiglie si riuniscono tra loro

in uno stesso rione

si danno leggi proprie

insegne proprie

il potere

è sempre più legato

ad interessi personali

particolari

rispetto a quello pubblico

che si indebolisce.

Esplorando la città

sono attirato da una donna

chiede l'elemosina

non so perché mi attira

l'espressione del viso

mi ricorda qualcuno
non saprei dire chi.
Lei mi guarda sorpresa
come se mi avesse
riconosciuto
forse, ci siamo incontrati
in un'altra vita.
Le porgo una moneta
mi ringrazia, svelando
il suo accento francese
mi fermo, le parlo
è arrivata in Italia
con il marito
ormai morto da tre mesi
mentre racconta

continua a guardarmi

il volto ancora colmo

di stupore.

Mi chino

delicatamente

l'afferro per il braccio

la faccio alzare

la prendo con me.

La mia missione

mi trattiene ancora

in questo luogo

per altri cinque anni

in seguito

ripartiamo insieme

al di là delle Alpi.

Madhuram madhuram

Odo un canto, due voci
una giovane, un giovane
madhuram madhuram
akhilam madhuram
provo un'emozione
un sentimento di pace
che sfiora la gioia
mathurâ dhipaté
rakhilam madhuram
la riconosco
è musica carnatica
genere principalmente vocale
a carattere devozionale
accompagnato da percussioni
ghatam, tablas, mridangam

le forme vocali, sono due

dove l'improvvisazione

gioca un ruolo

di primaria importanza.

La commozione mi giunge

da un'epoca lontana

eppur vicina

quando scrittore inglese

percorro il Kerala

nel mio viaggio esoterico

con i cinque sensi dischiusi

pronti ad esplodere

per non implodere.

Un'idea-guida, un soffio

mi dice di continuare

verso nord, senza fretta
il momento presente
è esperienza
va vissuto ogni istante
nel bene, nel male
nella sorpresa
nell'imprevisto
nella gioia, nel dolore.
L'idea-guida mi dice:
Vai! Segui il tuo cammino!
Non ti curare
di come ti giudicano
gli altri, siano estranei
o parte della tua famiglia.
Vai! Segui il tuo cammino!

Però, anche tu
non devi giudicarli!
Non dimenticare che
hai scelto tu questa vita
questa incarnazione
come gli altri hanno scelto la loro.
Hai scelto il cammino
dell'evoluzione
non fermarti, non perderti
in paragoni
non perdere il tuo vantaggio
ogni incontro
qualsiasi cosa succeda
avrà una ragione
sarà un insegnamento.

Ordine geometrico

Ciò che premeva a Platone
era di stabilire
che nel cielo esisteva ed esiste
un ordine
un perfetto ordine geometrico
in base al quale
ogni corpo celeste
si muove.
Alcuni tra noi
ritenevano che la Terra
fosse immobile, ferma
mentre la sfera
che racchiudeva le stelle fisse
ruotasse tutto attorno.
Corisco ed io

sostenevamo la teoria

non nostra

ma del migliore

dei nostri matematici

che il nostro pianeta

girasse su se stesso

senza però muoversi

nello spazio

senza un'orbita propria

mentre intendevamo

altre teorie

che risuonavano a volte audaci

impossibili, secondo alcuni.

E lì, pronto

interveniva il maestro:

come delimitare il possibile
o l'impossibile?
Un'atmosfera avvincente
alla Scuola di Atene
dove ognuno di noi
si sentiva stimolato
nella ricerca della verità
in confrontazioni amichevoli
ma appassionate
quasi fosse un gioco
ad al tempo stesso
un'intrepida missione.

Il gioco degli scacchi

Durante i cinque anni
trascorsi a Genova
mi è capitato di andare e venire
a Firenze, almeno quattro volte
città magnifica, senza eguali
dove sono stato iniziato
al gioco degli scacchi
un gioco pare importato dagli arabi
con lontane origine indiane, persiane.
Nel Medioevo, gli scacchi hanno avuto
un vero e proprio fascino
nell'immaginario della gente
soprattutto dei *signori*.
Ho assistito di persona
a questo fenomeno di moda

in seguito al mio ruolo di emissario
che mi portava a contattare
incontrare, frequentare
le famiglie che decidevano
il presente e il possibile
futuro della città.
Questo gioco aveva la capacità
di mettere in scena
una battaglia tra due armate
provocando un fascino profondo
nell'immaginario collettivo
proiettando sulla scacchiera
una riproduzione idealizzata
della societa
con le sue convenzioni

le sue gerarchie.

Sempre in movimento

coglievo l'essenziale

andavo e venivo

tra una città e l'altra

tra una vita e l'altra

avanti, indietro

ancora avanti

di nuovo indietro

nella completa atemporalità

trascendendo, sfidando

superando il tempo.

L'ambizione

È un anno bisestile

dell'ottavo secolo d.c.

a sud di Roma

mio padre, longobardo

mi insegna tutte le cose che sa

affinché nel mio futuro

possa diventare un buon principe.

La pressione dei Bizantini

le incursioni dei Franchi

oltre a duchi e principi longobardi

che si agitano in continuazione

con istinto di ribellione

per creare il loro piccolo dominio

con l'ambizione che il piccolo

diventi grande

e si trasformi in regno

tutti questi movimenti

creano uno stato di confusione.

Chiedo a mio padre

del perché i nobili

si agitino così tanto

visto che sarà uno dei suoi figli

destinato ad essere re.

Mi risponde che l'animo umano

è alquanto complicato

che a volte tra l'amore e la paura

tra il bene e il male

il confine è fioco, piuttosto fragile.

In seguito ci dirigiamo

verso una sala più grande

per consumare il banchetto serale

con familiari, alcuni cortigiani

mio padre mi guarda

con fare serioso

per attirare la mia attenzione

con un gesto chiama l'*assaggiatore*

per verificare che il pasto

non sia avvelenato

mi guarda di nuovo, aggiunge:

Non scordarlo mai!

La legge ateniese

Eroe di guerra contro Sparta
l'eterna nemica
ne avevo già parlato *
ero generale valoroso
ritornato vincitore
in seguito, politico
ho preso le parti di chi
è caduto
e con lui sono caduto anch'io.
Dapprima messo in disparte
mi era rimasta la speranza
di ritornare in auge
mi ha sorpreso
il precipitare degli eventi
i sostenitori, quasi tutti

* *Intuizioni e memorie*, di Angelo Rizzi, ed. Bod, 2019
*Il banchetto, di Angelo Rizzi, ed. Bod, 2019

mi hanno voltato le spalle
ho perso i favori
le protezioni.
Con la famiglia
ho lasciato la mia città
scegliendo l'esilio
secondo la legge ateniese
unica alternativa
la morte.
Mi hanno accolto a Rodi
avevo da offrire
la mia esperienza
mentre l'età che avanzava
mi dava un aspetto
da vecchio saggio.

Oltre le montagne

Com'era mia intenzione
ho proseguito
il mio viaggio esoterico
verso nord
mi ritrovo nella valle
di Srinagar
attorno, tutto
è d'un verde magico
interrotto dal blu del fiume
dal blu del cielo
dal blu del blu
e un bianco lontano.
Osservando laggiù
le cime innevate
circondato da questa bellezza

che ai miei occhi
sembra irreale
ho l'impressione
di essere arrivato
alla fine di un mondo
all'inizio di un altro.
Srinagar, Srinagar
amo pronunciare questo nome
amo ripeterlo
contiene una musica
che solo qui si può ascoltare
si può capire.
Decido di rimanere
in questo luogo
un po' di tempo

cosciente che il tempo
non esiste.
In questa valle mi ritempro
prendo informazioni
mi preparo, respiro
modulo
la mia nuova vibrazione
sento, che oltre le montagne
mi attende la conoscenza.

L'isola

Nell'isola
che viveva un momento di splendore
tutto è andato per il meglio
mi era stata attribuita una rendita
in cambio delle mie qualità
della mia conoscenza
dei miei consigli.
Cacciato da Atene, quando avevo
cinquantacinque anni
sono rimasto nella mia nuova città
fino alla fine, direi, sessantotto anni.
Serbavo un po' di rancore
e questo aspetto
che non ho saputo capire, guarire
l'ho trascinato con me

nel mio *karma*, per altre vite.

A Rodi, per precauzione
ho evitato la politica
benché ne fossi attratto
non ci ero portato.
Osservavo la vita
l'età che avanzava
ho sempre amato le isole
mi regalavano
un sentimento di pace.

Scacco al re

Confrontarsi giocando a scacchi
al di là del diletto, del passatempo
era dar prova del proprio intuito
della facoltà di ragionamento
della propria fantasia
capitava di vincere
come di perdere.
Se il mio avversario
era di rango superiore
più abile a questo gioco
mi concentravo con intensità
per essere combatttivo
farlo soffrire fino alla fine
era trionfante quando vinceva
ma guadagnavo il suo rispetto.

Se l'avversario era persona importante
meno abile nel gioco
quando vincevo la prima partita
apposta, perdevo la seguente
vincere sempre con un potente
poteva nuocere alla salute
di conseguenza anche agli affari.

Gente diversa

Avevo promesso
che se avessi scoperto qualcosa
riguardo la mia emozione
il ricordo remoto
di fronte alle Tombe Saadiane
ve ne avrei fatto parte.*
Sono inglese, consulente militare
presso questa dinastia
a Marrakesh.
Arrivo d'inverno
via mare
evitando ben tre tempeste
con qualche soldato
un carico d'armi
polvere da sparo

* *Intuizioni e memorie*, di Angelo Rizzi, ed. Bod, 2019

qualche cannone.
Il sultano illuminato
predilige buone relazioni
con alcuni paesi europei
ha medici francesi
rapporti amichevoli con noi.
Si appresta, più a sud
ad invadere
un ricco impero africano.
Alla mia regina interessa l'oro
ne avremo in abbondanza
e abbiamo un nemico comune
i potenti spagnoli
che hanno osato
attaccare la nostra terra.

I preparativi sono lunghi
studiati in ogni particolare
quattromila persone
si mettono in marcia
l'esercito e dei mercenari
con rinnegati
avventurieri di vari paesi.
Attraversiamo il deserto
in soli due mesi
infine la battaglia, facile vittoria
le nostre armi, sono superiori
Timbuctu, altre città importanti
vengono conquistate
oltre al controllo delle miniere
d'oro, di sale

delle vie di pellegrinaggio
e una grande quantità
del metallo prezioso.
La missione è compiuta
posso tornare a casa
ma il sultano m'invita a gioire
dei privilegi della sua corte.
Ritorno dopo un anno di assenza
preceduto da molti messaggi
con negli occhi e nel cuore
l'amicizia di gente diversa
le immagini, le voci
il sole, i colori
il deserto, le dune
evitando di nuovo, ancora
tre malefiche tempeste.

Altri destini

A Venezia, la Serenissima
eravamo quattro o cinque
tra fratelli e sorelle
tra i quali, una persona
che in questa vita
ho sempre sentito
come la mia giovane sorella.
Françoise, la veggente
mi conferma:
Era tua sorella!
allora chiedo:
Ho già incontrato suo marito?
Mi risponde: Certo!
Perché è gia stato suo marito!
Mio padre collaborava

con un pittore conosciuto *
uno dei più in voga
nella fine Rinascimento.
Eravamo di famiglia modesta
ma l'artista era generoso
con chi l'aiutava nella bottega
così che da mangiare
non è mai mancato.
Da adulto, ho dipinto
il mio lavoro
mi portava a spostarmi
da un luogo all'altro
Verona, Padova
Mantova, Cremona
verso l'Umbria.

* *Il ritorno dello sciamano*, di Angelo Rizzi; ed. BoD, 2018

La mia sorellina

dipingeva molto bene

le donne però

non avevan diritto

di essere artiste

erano designate

ad altri destini.

Il movimento perfetto

Platone, l'Universo

lo definiva «animale»

convinto che avesse un'anima

che lo faceva muovere

così come succede

a tutti gli esseri animati.

All'udire questo concetto

immediata, appassionata

fu l'agitazione

nella nostra comunità

trasformandosi rapidamente

in diatribe amichevoli

alla ricerca di domande

e di risposte.

Attribuiva all'Universo

un movimento circolare
una forma perfetta
una forma sferica
benché ammettesse
altri sei movimenti
avanti, indietro
a destra, a sinistra
in alto, in basso
che reputava imperfetti
poiché avevano un termine.
Solo il movimento circolare
si addiceva all'Universo
come una sfera
che ruota su se stessa.
Ogni qualvolta

presentava un problema
creava in noi accademici
uno stato di concitazione
un'atmosfera di effervescenza
che animava i nostri pensieri.
Ho detto animava...
in verità, Platone considerava
il movimento circolare
il più somigliante
al movimento del pensiero
ritenendo che il pensiero
fosse un movimento circolare.

Stabat Mater

Mi ritrovo in una chiesa
immensa
dalle alte volte
dalle grandi arcate
l'eco è perfetto.
Sarà Roma?
Una musica
che sfiora il cuore
lambisce la pelle
una composizione
Stabat Mater
ripresa da Vivaldi
una voce di castrato
sublime.
Tutti

siamo colti d'estasi
d'emozione.
I cantanti maschi
la maggior parte
subiscono la castrazione
prima della pubertà
allo scopo di mantenere
la voce acuta in età adulta.
Il termine castrato
ha denotazione meschina
spregevole sfumatura
è spesso sostituito
da altre asserzioni
come *cantori evirati*
o *soprani naturali.*

La società dell'epoca
barocca
lo consente
lo vuole
lo acclama
alcuni tra loro
diventano veri fenomeni
nel mondo dell'arte
divi internazionali
con manifestazione
di isteria collettiva.
In seguito
a questa mutilazione
la laringe
e la preadolescente

estensione vocale
viene mantenuta.
Sono musicista
clavicenbalo
il mio strumento
però oggi non suono
ascolto
in questo luogo sacro
colmo di gente
siedo tra due colleghi
un violoncellista
alla mia destra
un maestro del liuto
alla mia sinistra.

Un'altra via

Qualche anno prima
della mia missione
in aiuto alla dinastia Saadî
sono stato corsaro
nel mar delle Antille
con regolare *lettera di marca*
della mia regina
che mi autorizzava nella pratica
di questa attività.
La nave non mi apparteneva
ero tra gli ufficiali
sempre si partiva
con minimo una flottiglia
due erano i comandanti

dei quali uno molto famoso
ammiravo quest'uomo temerario
a parte nei suoi inizi
con la tratta degli schiavi.
Agli spagnoli
abbiamo preso Santo Domingo
anche Cartagena
con Panama abbiamo fallito.
Con lui e un altro comandante
ho preso parte ad un'altra impresa
anch'essa fallita
alle Azzorre, a Lisbona
infine a La Coruña.
Ho scelto in seguito
un'altra via

come emissario, agente
come uomo d'azione
ero ormai a fine carriera.
Una vita ardita
eccitante, molte volte
ho rischiato la morte
protetto dall'alto
forse solo fortuna
forse altre ragioni
che sono mistero
o i meandri del *karma*
che portano altrove.

Longobardi

Mio padre, tra le tante cose
 mi insegnava
a toccare il legno
a sentirne l'anima
per poi lavorarlo, scolpirlo
con un coltello
per mettere in luce
la sua essenza
Essendo figlio illegittimo
non avevo diritto
di accedere al trono
ero stato concepito
con una serva.
Ero l'ultimo nato
preceduto da quattro fratelli

e una sorella, legittimi
oltre ad altri sette fratelli
illegittimi.
Non c'era tra noi
una gran differenza d'età
nostro padre, mi pare
si chiamasse Grimoaldo
il quarto del nome
ci aveva generato
uno dopo l'altro
con donne diverse.
Era fine stratega
eccellente diplomatico
più grande, divenni
uno dei suoi consiglieri
dei suoi confidenti.

Tibet

Lascio il Kashmir
mi dirigo a nord, verso il Tibet
mi accompagnano due monaci
hanno vesti rosso porpora
io, sono vestito come loro.
Il viaggio sarà lungo?
Non sappiamo quando arriveremo
per loro, il tempo non esiste
non è il concetto più importante
andiamo avanti
perché sappiamo dove andiamo
a dorso di cavallo, di mulo
con i nostri piedi.
I miei compagni di viaggio
sono silenziosi

io, sono come loro

si alternano luci, ombre

i giorni inseguono le notti

quindi andiamo verso est

a dorso di uno *yak*

o con i nostri piedi

ogni passo è un'esperienza.

Arriviamo al monastero, immenso

il nome con il quale lo chiamano

inizia con la lettera G.

Vedo migliaia di monaci

qui all'interno ci sono regole

si deve sempre camminare

in senso orario.

Un *lama* mi insegna

mi dice che il bianco

non è ovviamente visto

come un colore

il bianco si manifesta

quando l'intero spettro

della luce

è visto nell'insieme

nel bianco tutto è presente

nulla è nascosto, nulla è segreto

mi dice di Sarasvati

dea della conoscenza

che spesso è rappresentata

in bianco

poiché l'apprendimento

la conoscenza

non devono essere nascosti

ma essere aperti, disponibili a tutti

oltre che portare luce

sul buio dell'ignoranza.

Cantiamo potenti mantra

per la rigenerazione

l'armonizzazione dei *chakras*

canti di guarigione.

Dall'alto della montagna

ascolto

la voce del silenzio

osservo

i paesaggi purificati

dall'aria, dalla luce

le meraviglie della creazione

si manifestano

attraverso il graduale

rallentamento delle vibrazioni

divenendo così

materia tangibile

in un mondo di energia.

In questo luogo, percepisco

l'imminenza dell'assoluto

la soglia dell'esperienza.

Infatuazione di massa

È domenica
sono passati due mesi
il cantante eunuco
intona un'altra melodia
composta da Haendel
le sue opere
prevedono partizioni
per i castrati.
Benché la mutilazione
a scopi musicali
sia teoricamente illegale
la passione collettiva
per questi cantori
è al culmine
una sorta di

infatuazione di massa.
Gran parte di loro
sono orfani
o appartengono
a famiglie molto povere
sono venduti
dagli stessi genitori
con la speranza che possano
salire la scala sociale.
Inseriti in scuole di canto
sono sottoposti
a insegnamento severo
pratica intensa
i più dotati, raggiungono
tecniche eccellenti

i migliori
accumulano ricchezze.
Scala in *sol minore*
un gorgheggio, un trillo
nessuno si muove
sembra che nessuno respiri
scrosci di applausi
tutti in piedi.

Breve ma intensa

Tra me e Abu bakr Muhammad
ben Abd el-Malik ben Muhammad
ben Tufayl el-Qaicî el-Andalusî
detto Ibn Tufayl, il polimate, mio maestro
c'erano solo dieci anni di differenza.
In un giorno di giocosa primavera
a Granada, fiore andaluso
giardino del pensiero
ho avuto il privilegio
di essere accolto
nella stretta cerchia
dei suoi emeriti allievi.
Non saprei dire se fosse
il destino a volere
o l'intero universo

in favorevole complotto
a spingermi nella scelta
di seguirlo per il suo nuovo incarico
fino al paradiso di Marrakesh
dove da discepolo, sono diventato
segretario, collaboratore.
Di libri, questo brillante uomo
ne aveva scritti dieci
e del libro più celebre
l'unico rimasto
il romanzo filosofico
dove mette in scena
un bambino prodigio
nato per generazione spontanea
in un'isola disabitata

ne avevo redatto tre copie
io, personalmente
adoravo questo libro
e ne parlavo a tutti.
Tra i garbati privilegi
di quel particolare momento
ho conosciuto altri discepoli
tra i quali, due in particolare
hanno lasciato la loro traccia
la loro scia, come una cometa.
Al-Bitrugi, che influenzerà
l'astronomia per secoli interi
oltre al famoso Ibn Rushd
detto Averroé.
Ho avuto con il primo
una splendida amicizia

con il secondo un rapporto
di prudente mutuo rispetto.
Ho avuto una vita breve
solo trent'anni, però intensa
mentre quel genio del mio maestro
mi è sopravissuto per altri trent'anni.
Questa vita breve ed anche intensa
ha influenzato quella successiva
ancora legata, attirata, affascinata
dalla curiosità, dalla conoscenza.

Giorno di silenzio

Ieri, abbiamo vinto

una battaglia

contro un duca ribelle

ho combattuto anch'io

giornata epica, vittoriosa

sul mio corpo

neppure una ferita

solo una scalfittura

sulla *cotta di maglia*

vicino alla spalla

un maldestro fendente nemico

deviato dal mio robusto scudo.

Al duca, abbiamo lasciato

il titolo, la vita

in cambio, abbiamo preteso

terre, ricchezze

per indebolirlo, punirlo

e poi, "gli affari sono affari!".

Oggi, è un giorno

di silenzio, di riposo

osservo alcune monete

solidi, tremissi, denari.

Le prime due, sono d'oro

coniate con busto coronato

di fronte a globo crucigero

sul retro, croce potenziata

su tre scalini.

La terza, d'argento

coniata di fronte, con legenda

del nome di mio padre

che circonda una spiga di grano
mentre sul retro, il nome
dell'arcangelo Michele
circonda una croce
accantonata da quattro fusi.
Due persone, passano
davanti alla porta
parlano latino, longobardo.
Le voci si allontanano
ritorna il silenzio
lo percepisco
quasi palpabile
si posa attorno a me.
Oggi, è un magnifico
giorno di pace.

Indice

5 Biografia

11 Premessa

Viaggiatore atemporale

15 Danze
18 La mendicante
22 *Madhuram madhuram*
26 Ordine geometrico
29 Il gioco degli scacchi
32 L'ambizione
35 La legge ateniese
37 Oltre le montagne
40 L'isola
42 Scacco al re
44 Gente diversa
48 Altri destini

51 Il movimento perfetto
54 *Stabat mater*
58 Un'altra via
61 Longobardi
63 Tibet
68 Infatuazione di massa
71 Breve ma intensa
75 Giorno di silenzio